Auf den Punkt gebracht II
Der kleine Ratgeber für Veränderungen

Für dich, für mich, für uns

FSC
www.fsc.org
MIX
Papier aus ver-
antwortungsvollen
Quellen
Paper from
responsible sources
FSC® C105338

Inhalt

Dieser kleine Ratgeber für Veränderungen (Liebe, Focusing, Wertschätzung, Mudras, Bewegung etc.) ist kurz und auf den Punkt gebracht. Du hast das Entscheidende von allem in Kurzform zur Hand. 12 Themen auf 12 Seiten und jedes Mal die praktische Übung dazu.

Autor

Martin B. Stutz, geboren 1965 in Bern, ist selbstständig im Finanz- (www.finanz-gesundheit.ch) und Coachingbereich tätig. Sein grosses und langjähriges Interesse an den im Buch beschriebenen Themen, seine eigenen positiven Erfahrungen, sein Sabbatical (www.3000km.jimdo.com) und der Erfolg von «Auf den Punkt gebracht» (2015) bestärkten ihn, diesen neuen Ratgeber zu schreiben.

Bibliografische Information der Deutschen Nationalbibliothek:
Die Deutsche Nationalbibliothek verzeichnet diese Publikation in der Deutschen Nationalbibliografie; detaillierte bibliografische Daten sind im Internet über www.dnb.de abrufbar.

© 2018 Martin B. Stutz, Bern
Herstellung und Verlag:
BoD – Books on Demand, Norderstedt

ISBN 978-3-7528-8033-5

Vorwort

Fortsetzung folgt – nun ist es an der Zeit. Nach dem erfolgreichen ersten Ratgeber «Auf den Punkt gebracht» ist es geschafft: ein neuer Ratgeber mit 12 neuen Themen und 12 neuen Übungen.

Er ist kurz und bringt das Wesentliche auf den Punkt. Mit diesem Ratgeber hast du das Entscheidende von allem in Kurzform zur Hand. Falls du ein Thema vertiefen willst, findest du sicher das entsprechende Buch oder weitere Informationen im Internet.

Auf der linken Seite findest du jeweils die Einführung in das Thema, auf der rechten Seite die Übung und ein dazu passendes Zitat. Einzelne Übungen sind einfach, andere ein bisschen schwieriger. Einzelne sind täglich und andere sind von Zeit zu Zeit anzuwenden. Die Reihenfolge ist nicht wichtig. Gewisse Themen werden dich mehr interessieren, andere weniger. Du kannst entscheiden. Du beginnst mit einer Übung, probierst sie aus und verinnerlichst sie. Neue innere Bilder schaffen neue Möglichkeiten, neue Ideen und neue Lebenslust. Habe grossen Spass (immer mit einem Augenzwinkern) und viel Freude am «Üben» und an den Reaktionen. Und dann versuchst du dich am nächsten Thema.

Das Wichtige und das Entscheidende ist, alle oder den grössten Teil der Übungen automatisch und mit grosser Freude anzuwenden.

Ich wünsche dir mit meinem kleinen Ratgeber viel Spass und Erfolg. Anwenden, und du wirst staunen!

Inhalt

Auf den Punkt gebracht II
Der kleine Ratgeber für Veränderungen

12 Themen und 12 Übungen zum Erleben

1. Liebe

Dieses Thema kommt dir vielleicht bekannt vor. Ja, genau, in meinem ersten Ratgeber habe ich mich bereits damit befasst. Da siehst du, wie wichtig die Liebe ist. Dieses Mal möchte ich es etwas anders angehen: weniger theoretisch, sondern mehr praktisch. Du wirst staunen, wie du immer wieder überrascht wirst, sobald du die auf der nächsten Seite beschriebene Übung anwendest. Es braucht ein bisschen Anstrengung, daran zu denken, aber nach dem zweiten oder dritten Mal wirst du grossen Spass haben und sie immer und immer wieder anwenden.

Gleichzeitig möchte ich dir nahelegen, dich möglichst jeden Tag wieder neu zu verlieben. Ob in deinen Partner, deine Partnerin oder, falls du Single bist, in jemanden, den du heute siehst, spielt keine Rolle. Verlieben in das Leben, in ein Haustier oder sogar in dein Auto ist ebenso möglich (nur nicht übertreiben). Auch hier gilt: mache ein Spiel daraus, nimm es nicht zu ernst. Denke daran, wie locker dies in jungen Jahren ging. Also nicht zuerst die Fehler suchen, sondern ein bisschen «blind» verlieben. Es muss nicht immer voll ernst sein, denn wichtig ist ja das Gefühl dabei. Falls dir dies schwerfällt, versuche es trotzdem. Denn bereits ein kleiner Teil dieses wunderbaren Gefühls kann viel bewirken.

Wenn du so richtig verliebt bist, kannst du die ganze Welt umarmen und die Welt umarmt dich. Alles erscheint dir leicht und deine Probleme sind auf Ameisengrösse geschrumpft. Du schwebst durch eine Traumwelt, alles dreht sich in Zeitlupe, deine Energie ist grenzenlos. Du strahlst dieses Verliebtsein aus, deine Augen leuchten, dein Herz lacht. Und alle Menschen um dich herum fühlen dies!

Übung
Liebe (Zeitbedarf: 2–5 Minuten)

1. Du bist in einer unangenehmen Situation oder du begegnest einer dir unangenehmen Person.

2. Vermeide dein Abwehrverhalten, dein Schutzverhalten.

3. Denke an Liebe. Denke liebevoll an diese Situation, denke liebevoll an diese Person.

4. Tu nichts, sage nichts. Nur einfach daran denken, wie sehr du diese Situation oder diese Person liebst.

5. Du spürst langsam, wie sich die Situation, die Person vor dir zum Positiven ändert.

6. Dies gibt dir das Vertrauen, noch ein bisschen mehr Liebe draufzupacken.

7. Staune jetzt einfach, wie sich die Situation, die Person zum Guten ändert.

8. Freue dich über diese Veränderung und lasse dies die Situation, die Person spüren.

«Das Leben ist die Liebe. Und des Lebens Leben Geist.»
(Johann Wolfgang von Goethe)

2.   Wertschätzung

Die Welt doof finden und sich immer wieder ärgern, ist so etwas von einfach: «Ach, diese Bedienung ist so schlecht», «Sieh mal, was die für unmögliche Schuhe trägt», «Die Bahn hat wieder drei Minuten Verspätung» etc.

Kein Problem: Du kannst mit solchen Kritiken jeden Tag dein Dasein vermiesen. Du kannst dich jederzeit über etwas ärgern und Fehler suchen. Dies lernen wir ja bereits in der Schule: die Fehler werden angestrichen. Nicht das Gute (nur vielleicht das Extragute) wird belohnt, im Gegenteil: das Schlechte wird bestraft. Läuft etwas gut, ist dies normal und nicht der Rede wert.

Es geht aber auch anders, es braucht einfach Übung dazu: Ein grosses Lob zur rechten Zeit. Nicht zu viel, nicht zu wenig und natürlich immer aufrichtig. Das macht allen eine gute Laune.

Eigentlich ist es ganz einfach. Sobald dir etwas Schönes, etwas Positives auffällt, sagst du dies. Am Anfang fühlt es sich vielleicht ein bisschen komisch an. Ein Lob auszusprechen, sind wir uns gar nicht so gewohnt. Aber Übung macht den Meister. Vielleicht reagieren die Menschen zuerst etwas verunsichert, einzelne fühlen sich sogar belästigt, doch die Mehrheit wird sich an deinem Lob erfreuen. Aber erwarte nichts dafür.

Mit diesem Blick auf die Welt (und die Menschen) stellst du fest, wie grossartig sie ist und wie viel Schönes und Gutes besteht. Übe dich in diesem Blick und du wirst immer mehr positive Kleinigkeiten entdecken.

Übung
Wertschätzung (Zeitbedarf: 30 Sekunden)

1. Bei der Arbeit, in der Natur, beim Einkaufen etc.: Achte auf positive Dinge, achte auf deine positiven Gedanken.

2. Wage es, diese auch auszusprechen: «Sie haben mich jetzt sehr freundlich bedient, vielen Dank», «Trotz der vielen Leute ging es eigentlich sehr rasch», «Du hast einen supertollen Pullover an, wo hast du ihn gekauft?»

3. Immer und immer wieder, jeden Tag.

4. Du wirst feststellen, dass du immer mehr entdeckst und immer lockerer loben kannst.

5. Freue dich an den vielen positiven Rückmeldungen.

«Anerkennung bewirkt, dass das Hervorragende an den anderen auch zu uns gehört.»
(Voltaire)

3. Bewegung

Immer schön in Bewegung bleiben! Es muss ja nicht gleich Spitzensport sein, es muss auch nicht Sport im Allgemeinen sein. Die Treppe statt den Lift, den Bus nehmen statt mit dem Auto von Tiefgarage zu Tiefgarage fahren, ein kurzer Spaziergang statt einer Shoppingtour, ein paar Dehnübungen während des Fernsehens.

Es gibt unzählige Möglichkeiten, sich zu bewegen. Und es ist sehr wichtig. Unser Körper ist für Bewegung gemacht, nicht nur für Bürostuhl und Sofa. Und tägliches Kurztraining ist besser als (über)fordernde Sportübungen. Dein Körper wird es dir danken.

Bewegung heisst immer in Bewegung bleiben. Einerseits körperliche, andererseits aber auch geistige Betätigungen. Das Leben besteht aus Bewegung. Stillstehen heisst Stillstand. Wenn du dies nicht willst, musst du dich bewegen. Bewegen in Richtungen, die dich interessieren, die dir liegen. Suche deine Leidenschaften und lebe sie aus.

Immer und immer wieder Neues ausprobieren, Neues kennenlernen. Dies fordert heraus und macht uns aus. Vergleiche dazu den ersten Ratgeber «Auf den Punkt gebracht», Kapitel 9, Aktion.

Übrigens:
Wähle als PC-Passwörter Begriffe aus, die dir wichtig sind, wie zum Beispiel Wunsch, Name, Hobby etc. (positive Anker). Denn du weisst: «Was du denkst, das ziehst du an.»

Übung

Bewegung (Zeitbedarf: 30 Minuten)

1. Du bist unruhig und suchst Entspannung.

2. Oder du bist müde und träge.

3. Gehe hinaus, spaziere einem Fluss, einem See entlang oder durch den nächsten Wald.

4. Atme, fühle, spüre und «kreativiere» deine Gedanken.

«Das Leben ist wie Fahrradfahren. Um die Balance zu halten, musst du in Bewegung bleiben.»
(Albert Einstein)

4.   Schlafen

Genügend Schlaf wird heutzutage unterschätzt. Spät essen, Arbeit, Sport, Veranstaltungen etc. verhindern regelmässiges Schlafen. In Zeiten der Dauerberieselung durch TV, Internet und Smartphone vergrössert sich das Schlafmanko. Viele Menschen ignorieren dies und gönnen sich einfach zu wenig Schlaf. Dabei brauchen wir ihn, um uns wirklich wohlzufühlen. Körper und Geist regenerieren sich im Schlaf. Erlebnisse des Tages werden sortiert und neu gespeichert. Alles Überflüssige wird aussortiert. Gleichzeitig wird unser Immunsystem gestärkt. Wer genügend schläft, hat ein geringeres Risiko zu erkranken. Kurz gesagt: Schlaf dient als Erholungs- und Aufbauphase für Körper und Gehirn.

Wie viel jeder einzelne Mensch schlafen sollte, ist sehr individuell. Gemäss Schlafforschern sollte eine Frau 8 bis 9 Stunden, ein Mann 7 bis 8 Stunden schlafen. Und dies wenn möglich regelmässig. Solange keine Müdigkeit, keine Schläfrigkeit während des Tages auftritt, ist alles bestens.

Übrigens:
Betrachte mal dein Schlafzimmer. Bist du zufrieden, was du siehst? Ansonsten mache dich ans Entrümpeln. Rechnungen, Briefe, gebrauchte Papiertaschentücher, dreckige Wäsche, Computer, Drucker, Elektrokabel unter dem Bett etc.: Dies alles hat im Schlafzimmer nichts zu suchen.

Einzelne Übungen in diesem Ratgeber können durchaus ein wenig anstrengend sein. Aber ich denke, die nachfolgende Übung sollte dir auf jeden Fall gefallen.

Übung

Schlafen (Zeitbedarf: 7–9 Stunden)

1. Es ist erst 20 Uhr. Du sitzt vor dem Fernseher, es läuft nicht viel Gescheites. Alles ist erledigt, du hast heute Gas gegeben.

2. Den PC, das Tablet und das Smartphone ruhen lassen. Alles Wichtige ist bereits gelesen und erledigt. Morgen ist auch wieder ein Tag.

3. Egal, ob erst 20.30 Uhr ist: Du legst dich ins Bett.

4. Vielleicht liest du noch in einem Buch oder denkst etwas über deinen Tag nach.

5. Dann schlafe und schlafe. Und denke daran: Morgen um 6 Uhr wirst du neun Stunden geschlafen haben und dich danach wirklich ausgeruht fühlen.

«Der Schlaf ist doch die köstlichste Erfindung.»
(Heinrich Heine)

5.   Vertrauen

Wie viele neue Erfahrungen hast du bereits verpasst, wie viele Chancen vertan, nur weil du deinen Ängsten und Zweifeln den Vortritt gelassen hast?

Dabei braucht es nur Vertrauen in die eigenen Stärken. Lass den Zweifeln wenig Raum, sondern gehe mutig voran. Immer schön Schritt für Schritt. Und du entdeckst wieder neue Möglichkeiten. Dies ist sowieso das Wichtigste: Je mehr Möglichkeiten du wahrnimmst, desto besonnener bleibst du. Je gelassener du an die Dinge herangehst, desto mehr Handlungsspielraum hast du.

Vertrauen und Gelassenheit schaffen einen Zustand von Souveränität und Angstfreiheit.

Ebenso wichtig ist die Neugier: immer Neues wagen, immer interessiert sein an Neuem, immer neue Seiten der Mitmenschen kennenlernen, immer den Mut haben, Neues zu lernen, immer neue Möglichkeiten testen etc. Dies führt zu Routine (tönt zwar langweilig, ist aber nicht schlecht) und danach auch zu Gelassenheit.

Übrigens:
Völlig angstfrei zu leben, ist auch nicht erstrebenswert: Die Angst warnt uns vor allzu grossen Risiken. Angst ist zudem nicht nur eine lähmende, sondern auch eine mobilisierende Emotion. So sind Menschen, die sich vor einer drohenden Gefahr ängstigen, manchmal zu Leistungen fähig, die ihnen unter normalen Umständen nicht möglich wären.

Übung
Vertrauen (Zeitbedarf: 1 Minute)

1. Du spürst die Überforderung in der Situation.

2. Du sagst deinen eigenen Namen und das Wort «Stopp».

3. Du machst zuerst mal gar nichts.

4. Du besinnst dich auf dich selbst und auf deine Stärken.

5. Du überlegst dir, wie du jetzt am besten handeln könntest.

6. Du handelst ruhig und besonnen.

Amüsante Zusatzübung:
- Hast du ein Problem in deinem Leben?
  - Falls nein: Wieso sorgst du dich dann?
  - Falls ja: Kannst du etwas dagegen machen?
    - Falls ja: Wieso sorgst du dich dann?
    - Falls nein: Wieso sorgst du dich dann?

Übrigens:
Mach es wie die Gallier in «Asterix und Obelix»: Ihre einzige Sorge ist, dass ihnen der Himmel auf den Kopf fallen könnte!

«Wer Vertrauen hat, erlebt jeden Tag Wunder.»
(Peter Rosegger)

6. Grundbedürfnisse

Immer wieder geht es auch um unsere Grundbedürfnisse. Bewusst oder eben unbewusst sind wir immer bestrebt, diese zu befriedigen. Jeder Mensch hat dieselben sechs Grundbedürfnisse. Wie jeder einzelne sie gewichtet, ist aber höchst unterschiedlich.

1. Existenzbedürfnisse (körperliches Wohlbefinden)

2. Sicherheitsbedürfnisse (existenzielle Bedürfnisse)

3. Soziale Bedürfnisse (Liebe, Geborgenheit)

4. Individuelle Bedürfnisse (Erfolg, Freiheit, Ansehen)

5. Selbstverwirklichung (Selbstentfaltung)

6. Transzendenz (Suche nach einer höheren Macht)

Für jeden Menschen ist es individuell wichtig, diese sechs Grundbedürfnisse so gut wie möglich zu befriedigen. Gelingt ihm dies für eines davon nicht so, wie er es sich vorstellt, fühlt er sich unwohl.

Die sechs Grundbedürfnisse waren seit Menschengedenken wichtig. Heutzutage wird ihnen jedoch zu wenig Beachtung geschenkt. Wir werden oft abgelenkt durch TV, Smartphone, Stress, Arbeit, Werbung, Konsum etc. und setzen uns zu wenig mit uns und unseren Bedürfnissen auseinander. Erst wenn es uns einmal schlecht geht, fragen wir uns, was wir wirklich wollen.

Übung
Grundbedürfnisse (Zeitbedarf: 10–20 Minuten)

Mache dir zu jedem der sechs Grundbedürfnisse deine persönlichen Überlegungen und schreibe diese auf.

1. Welche Existenzbedürfnisse hast du (Luft, Nahrung, Wasser, Kleidung, Schlaf, Beschäftigung)

2. Welches sind deine Sicherheitsbedürfnisse (Wohnung, Gesundheit)?

3. Welche Ansprüche stellst du an deine Sozialbedürfnisse (Freundeskreis, Partnerschaft, Liebe, Kommunikation)?

4. Was sind deine individuellen Bedürfnisse (Anerkennung)?

5. Gibt es noch weitere persönliche Bedürfnisse?

6. Die Suche nach …

Zusatzübung:
1. Du weisst über deine Bedürfnisse Bescheid.
2. Du fühlst in einer Situation, dass eines deiner Bedürfnisse nicht genügend befriedigt wird.
3. Ändere deine Position, sprich die Situation an, wende dich anderen Menschen zu und beobachte, ob sich etwas ändert.
4. Bemerkst du an dir weiteres Unwohlsein, verändere noch mehr oder verlasse gar die Situation.

«Vieles wünscht sich der Mensch, und doch bedarf er nur wenig.»
(Johann Wolfgang von Goethe)

7. Focusing

Prof. Eugene T. Gendlin hat bereits im Jahr 1950 vom «Felt Sense» (Körper-Seele-Bauch-Hirn) gesprochen. Und dies bedeutet nichts anderes, als nicht nur auf unseren Kopf zu hören, sondern eben auch dem Bauch-, dem Herz- und dem Körpergefühl zu folgen. Und mit den Wahrnehmungen vom Gesamten einen Veränderungsprozess mit völlig neuen Antworten anzustossen.

Beispiele kennst du sicher auch: «Zum Glück habe ich auf mein Bauchgefühl geachtet, nun kam es doch noch gut», «Mein Gefühl sagt mir, dies so zu machen» oder «Mein Körper fühlt sich heute nicht gut, darum lasse ich es bleiben». Sicher findest du noch unzählige weitere Beispiele.

Oftmals denken wir zu viel und entscheiden nur im Kopf. Dabei sind eben auch Körper, Herz, Bauch und Seele sehr gute Entscheider. Es ist wichtig, alles einfliessen zu lassen, um zu spüren, was gut für uns ist.

Die von Prof. Eugene T. Gendlin dazu entwickelte Methode heisst Focusing, frei auf Deutsch übersetzt «In-Kontakt-Treten». Das Ziel ist, das eigene Körperwissen in den Mittelpunkt zu stellen und mit dem Gesamten die richtigen Entscheidungen zu treffen, Lösungen zu finden oder die eigene Kreativität zu fördern.

Übung
Focusing (Zeitbedarf: 5–10 Minuten)

1. Was hindert dich daran, dich gut zu fühlen? Lasse die Antworten zu dir kommen. Heisse sie willkommen. Bewerte sie nicht.

2. Gibt es einen besonderen Anlass, dich nicht gut zu fühlen? Mach dir keinen Kopf, sondern fühle das Gesamte deines Problems in deinem ganzen Körper. Vielleicht spürst du das Problem an einem genau definierten Punkt deines Körpers (z. B. mulmiges Gefühl im Magen)?

3. Fällt dir ein Wort (oder ein Bild) ein, welches dazu passt?

4. Passt dieses Wort zu deinem Punkt? Falls ja, lass dieses Gefühl des Zusammenpassens von Wort und Körperpunkt mehrmals in dir aufkommen. Sollte sich der Punkt verändern, folge ihm mit grosser Aufmerksamkeit.

5. Sobald du eine vollständige Übereinstimmung von Punkt und Wort hast, «geniesse» dein Problem und frage dich: «Was ist das Schlimmste? Was ist so schlimm daran? Was wird benötigt, damit es besser wird?»

6. Antworte nicht mit deinem Kopf, sondern lass deinen Punkt / dein Wort (Gefühl) antworten. Falls dein Körper dir geholfen hat, bedanke dich und heisse alles willkommen.

«Lernen muss man mit dem ganzen Körper.»
(Johann Friedrich Oberlin)

8.   Mudras

Mudras sind Übungen mit den Fingern oder den Händen, welche deinen Energiefluss verändern (Energie-lenkende Gesten). Mudra heisst frei übersetzt «Das, was Freude gibt». Eigentlich ist es Yoga für die Finger und die Hände.

Yoga ist über 5000 Jahre alt und stammt aus Indien. Der grosse Vorteil von Mudras gegenüber Yoga ist, dass sie wenig Zeit und Raum beanspruchen.

Kleine Kunde über unsere Finger (mehr dazu im Internet):

Ayurveda (traditionelle indische Heilkunst)
Daumen = Feuer, Zeigefinger = Luft, Mittelfinger = Himmel, Ringfinger = Erde, kleiner Finger = Wasser

Meridiane (Leitbahnen, traditionelle chinesische Heilkunst)
Daumen = Lungenmeridian, Zeigefinger = Dickdarm-meridian, Mittelfinger = Perikardmeridian, Ringfinger = Dreifach-Erwärmer, kleiner Finger = Dünndarmmeridian

Chakren (Energiezentren, tantrischer Hinduismus)
Daumen = Sakral-Chakra, Zeigefinger = Hals-Chakra, Mittelfinger = Nabel-Chakra, Ringfinger = Stirn-Chakra, kleiner Finger = Herz-Chakra

Es gibt eine Vielzahl von Mudras, und du kannst sie jederzeit und überall durchführen. Oftmals bringen sie gesundheitliche Besserung bei Erkältungen, bei kleinen Beschwerden, bei Halsentzündungen und vielem mehr. Unsere Übung ist aber einem anderen Thema gewidmet: der Wunscherfüllung.

Übung
Kubera-Mudra Wunscherfüllung (Zeitbedarf: 2–5 Minuten)

1. Dieses Mudra wird mit beiden Händen durchgeführt.

2. Beuge den kleinen Finger und den Ringfinger zur Handmitte, bis die Nägel den Daumenballen berühren.

3. Der Mittelfinger, der Zeigefinger und die Daumenspitze berühren sich.

4. Schliesse die Augen und formuliere mit positiver Wortwahl laut und deutlich deinen Wunsch.

5. Du darfst dir auch ein inneres Bild von deinem Wunsch machen. Sei voller Liebe und guter Gedanken.

6. Öffne deine Augen und vergiss deinen Wunsch vorerst wieder. So «lauerst» du nicht auf die Wunscherfüllung!

Kubera ist übrigens der Gott des Reichtums. Er verinnerlicht den unendlichen Reichtum des Universums. Er hält für jeden alles bereit, was dieser persönlich zu seinem Glück braucht.

«Überlege gut, was du wirklich willst – es könnte ja sein, dass du es bekommst.»
(unbekannt)

9. Kommunikation

Ist es nicht so: Manchmal wirken deine Worte und die Art deines Sprechens auf dein Gegenüber ohne Absicht verletzend. Auch du fühlst dich dann missverstanden. Dein Gegenüber reagiert auf das Gesprochene anders, als du erwartest. Du verstehst nicht, wieso dich dein Gegenüber nicht versteht. Das hat mit der Art, wie du es sagst, mit deiner Wortwahl, mit deiner Betonung, mit deiner Körperhaltung zu tun (90 % nonverbal, 10 % verbal). Mit ein bisschen Übung kannst du dies so anpassen, dass dein Gegenüber echt versteht, was du meinst. Und darauf dann so antwortet, wie du es erwartest. Du übst, bewusster zu sprechen, bewusster zuzuhören und deinem Gegenüber respektvollere Aufmerksamkeit zu schenken.

Erreichen lässt sich das mit der gewaltfreien Kommunikation nach Marshall B. Rosenberg. Diese Praxis erlaubt uns, besser miteinander zu kommunizieren, besser zuzuhören und einander besser zu verstehen.

Es geht immer um die folgenden vier Punkte:
- objektive Beobachtung der Situation ohne Bewertung
- Gefühl wahrnehmen und ausdrücken
- eigene Bedürfnisse ausdrücken
- die Bitte positiv formulieren

Übrigens:
Das Mobiltelefon ist ja eine praktische Erfindung, aber bei einem Gespräch zwischen zwei oder mehreren Menschen hat es wirklich nichts zu suchen.

Übung
Kommunikation (Zeitbedarf: 1 Minute)

1. Beobachtung:
Dem Gegenüber Klarheit geben, worauf du dich beziehst: «Wenn ich das Foto meiner Nachspeise auf der Karte mit dem nun auf dem Tisch stehenden Original vergleiche, sieht es völlig anders aus.»

2. Gefühl:
«Da ich mir anhand des Bildes etwas anderes vorgestellt habe, bin ich nun sehr enttäuscht.»

3. Bedürfnis:
«Ich habe mich so sehr auf das Versprochene gefreut.»

4. Bitte:
«Bitte fragen Sie doch nach, ob ich eine andere Nachspeise wählen darf.»

Also immer:
Wenn ich a sehe, fühle ich b, weil ich c brauche. Bitte gib mir doch d.

Sobald du das übst und dann beherrschst, kannst du dein Gegenüber auch beim Zuhören sanft nach gewaltfreier Kommunikation leiten. Also dein Gegenüber mit Nachfragen dazu bringen, seine Beobachtung, sein Gefühl, sein Bedürfnis und seine Bitte mitzuteilen. So verstehst du ihn dann auch besser.

«Das Wort gehört zur Hälfte dem, welcher spricht, und zur Hälfte dem, welcher hört.»
(Michel de Montaigne)

10. Ego zurücknehmen

Was soll das jetzt? Ego zurücknehmen? Mache ich mich da nicht einfach klein und unbedeutend?

Ja, es gibt sie: Personen, die dich immer schikanieren, dich beleidigen. Personen, die du einfach nicht verstehen kannst.

Du musst dir bewusst werden, dass du auch etwas von einer solchen Person lernen kannst (wie übrigens von allen Menschen und Dingen, denen du begegnest). Du musst einfach dein Ego zurücknehmen, das heisst, du gehst bewusst einen Schritt zurück, regst dich nicht auf, sondern stehst über der Sache. Im Idealfall sollte dein Gegenüber sogar merken, dass du – trotz Rückwärtsschritt – ihm ebenbürtig bist.

So einfach «Ego zurücknehmen» jetzt tönt, so schwierig ist es doch. Eigentlich regst du dich furchtbar auf und möchtest das lautstark verkünden, doch was machst du? Du bleibst ruhig und zeigst mit dieser Reaktion, dass das Problem beim Gegenüber bleibt. Achtung: Es kann sein, dass dieses leicht irritiert reagiert. Und vielleicht bist auch du leicht irritiert: Du bist aber nicht verpflichtet, dich aufzuregen. Das Problem liegt ja eigentlich beim anderen.

Ja, es gibt Menschen, die immer alles besser wissen, immer lauter sind, nur über sich sprechen und meinen, ohne sie funktioniere nichts. Doch auch sie sollten sich von Zeit zu Zeit zurücknehmen und einmal anderen zuhören. Vielleicht merken sie dann auch, wie vielfältig die Meinungen sind, wie spannend und interessant andere sind.

Übung
Ego zurücknehmen (Zeitbedarf: 2 Minuten)

1. Eine gewisse Person hält sich mal wieder für etwas Besseres und hält dir einen Vortrag, wie, wann und was du zu machen hast.

2. Du stellst dir gleichzeitig einen alten Schwarz-Weiss-Fernseher vor und verpackst diese Person darin (evtl. sogar als Stummfilm).

3. Du stellst diesen Fernseher ganz klein links unten in die Ecke deines Blickfelds.

4. Diese Person kann jetzt belehren und beleidigen und schikanieren, wie sie will. Bei dir kommt es einfach nicht wirklich an.

«Gesunder Egoismus hat die Tendenz zur Gerechtigkeit auch gegen andere.»
(Hans Demetrius von Hopfen)

11. Gefühle zeigen

Achtung Ironie:
Du fühlst dich zu jemandem hingezogen – sage besser nichts, denn es könnte ja nicht erwidert werden.

Du wirst von jemandem ausgenützt – sage besser nichts, denn die Gegenpartei könnte wütend werden.

Du fühlst dich schwach – sage besser nichts, denn dein Gegenüber könnte deine Schwachstelle ausnutzen.

Zahlreiche solche Beispiele liessen sich aufführen. Du hast vielleicht beim Lesen bemerkt, wie lächerlich es ist, deine Gefühle zu verstecken. Wenn du immer alles nichtssagend und lächelnd annimmst, wirst du als Mensch nie richtig wahrgenommen. Denn es sind unsere Eigenheiten, die uns ausmachen. Dein Gegenüber sollte merken, dass dir etwas nicht passt. Dies kann er dann akzeptieren oder nicht. Auf alle Fälle erkennt er, dass ihm ein Mensch gegenübersteht, der zu seinen Gefühlen steht und seine Meinungen ausspricht (du positionierst dich). Du wirst verstanden, was und wie du bist. Dank deiner kommunikativen Fähigkeiten versteht er auch (vergleiche dazu Kapitel 9: Kommunikation), wieso du in der betreffenden Situation so oder eben anders reagierst.

Verleugnest du deine Gefühle, verschwendest du auch enorm viel Energie für das Aufrechterhalten eines Scheins und die Angst, dass andere dich durchschauen.

Übung
Gefühle zeigen (Zeitbedarf: 2–5 Minuten)

1. Nimm deine Gefühle wahr und akzeptiere sie.

2. Spüre, wie dein Körper auf diese Gefühle reagiert.

3. Lerne die richtigen Worte, um deine Gefühle auszudrücken (es gibt nicht nur «gut» oder «schlecht», sondern beispielsweise auch «erfreut», «glücklich», «zufrieden», «irritiert», «entmutigt», «zurückgewiesen» und viele andere mehr).

4. Überlege dir, aus welchem Grund du dich so oder anders fühlst (frage so lange, bis du den wahren Grund findest).

5. Verwende «Ich»-Sätze, die deine Beobachtung, dein Gefühl, dein Bedürfnis und deine Bitte beinhalten.

Beispiele:
«Ich danke dir für dein positives Feedback. Dies freut mich ungemein und spornt mich weiter an. Bitte mehr davon.»
«Wenn ich deine Reaktion sehe, macht es mich traurig. Ich wollte doch helfen. Ich bitte dich, dies anzuerkennen und mir zu sagen, wie ich am besten helfen kann.»

6. Kommuniziere klar und deutlich.

«Menschen, die ihre Gefühle zeigen können, sind weder naiv noch dumm. Im Gegenteil. Sie sind so stark, dass sie keine Maske brauchen.»
(unbekannt)

12. Lernen

- Hast du dich mal gefragt, weshalb du laufen kannst?

- Hast du dich mal gefragt, weshalb du Auto fahren kannst?

- Hast du dich mal gefragt, weshalb du fremde Sprachen sprichst?

Im nachfolgend beschriebenen Lernphasenmodell (nach Albert Bandura) siehst du die einfache Lösung. Alles Lernen besteht aus vier Phasen. Mit diesem Wissen hast du bereits sehr viel gelernt! Falls du wieder mal vor Neuem stehst und Ängste und Zweifel aufkommen sollten, halte dich an dieses Lernphasenmodell und du wirst sehen: Sobald du bei der unbewussten Kompetenz angekommen bist, ist alles automatisiert, und du wirst dich fragen, wieso du Zweifel gehabt hast. Oder vielmehr: du wirst dich eben nicht fragen, weil du es dann einfach kannst.

Es gibt natürlich noch viele andere Lernmethoden, wie Schnelllesen, Karteikarten, Buch unter das Kopfkissen etc.

Das Wissen, wie man lernt (siehe Lernphasenmodell), und die Motivation, weshalb man etwas lernt (beispielsweise Fremdsprachen, weil man fremde Länder bereisen will), sind aber sicher die Grundvoraussetzungen für erfolgreiches Lernen.

Übung
Lernen (Zeitbedarf: 2–5 Minuten)

Stelle dir immer die drei Fragen:
- Kann ich das?
- Will ich das?
- Was bringt mir das?

Motivation:
Überlege dir die Gründe, warum du jetzt, genau zu diesem Zeitpunkt genau dies lernen willst.

Lernphasenmodell:

1. Unbewusste Inkompetenz:
Ich weiss nicht, dass ich etwas nicht weiss oder nicht kann.

2. Bewusste Inkompetenz:
Mir wird bewusst, dass ich etwas nicht kann.

3. Bewusste Kompetenz:
Ich weiss, dass ich etwas kann.

4. Unbewusste Kompetenz:
Ich mache etwas automatisch.

«Ausbildung heisst, etwas zu lernen, von dem du nicht einmal wusstest, dass du es nicht wusstest.»
(Ralph Waldo Emerson)